全民健身计划系列丛书

咏春拳

张　颖／主编

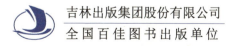
吉林出版集团股份有限公司
全国百佳图书出版单位

图书在版编目（CIP）数据

咏春拳 / 张颖主编. —— 长春：吉林出版集团股份
有限公司, 2019.12（2021.10重印）
ISBN 978-7-5581-7962-4

Ⅰ.①咏… Ⅱ.①张… Ⅲ.①南拳—基本知识
Ⅳ.①G852.13

中国版本图书馆CIP数据核字(2019)第270142号

YONGCHUNQUAN

咏春拳

张　颖　主编

责任编辑	田　璐　朱万军
封面设计	张振东
版式设计	吉林国艺图书有限公司
责任印刷	王　起

出　　版	吉林出版集团股份有限公司
发　　行	吉林出版集团青少年书刊发行有限公司
地　　址	长春市福祉大路 5788 号
邮政编码	130118
电　　话	0431-81629800
传　　真	0431-81629812
印　　刷	永清县晔盛亚胶印有限公司
版　　次	2020 年 4 月第 1 版
印　　次	2021 年 10 月第 2 次印刷
字　　数	100 千字
开　　本	720mm×1000mm　1/16
印　　张	8
书　　号	ISBN 978-7-5581-7962-4
定　　价	36.00 元

前　言

党的十九大报告指出:"广泛开展全民健身活动,加快推进体育强国建设。"当全民健身上升为国家战略后,日常参与健身的人群将日益扩大,大家将以各种方式强健体魄,获得感和幸福感油然而生。

面对这样可喜的局面,吉林出版集团股份有限公司青少年书刊出版发行事业部和吉林体育学院编写组共同策划、编写了"全民健身计划系列丛书"。

"全民健身计划系列丛书"能够顺应国家有关体育的大政方针,把握时代脉搏,对指导大众健身有很好的促进作用。丛书图文并茂,实用性强,力争有所创新,包括球类运动、体操健身运动、传统武术、体育舞蹈、休闲运动、格斗运动和民间体育活动等项目,通过高清图片分解健身步骤,使读者用简单易行的锻炼方式达到良好的健身效果。读者在学习的过程中,不仅能够掌握运动健身的方法,还能够学到保健方面的基本知识。

吉林体育学院的老师作为专业的体育工作者,把高等院校的理论资源转化为实践成果,使"全民健身计划系列丛书"更加具有权威性、科学性、实用性,也更贴近健身人群的需求。

希望本丛书能为社会各界热爱健身的人士提供指导与帮助。

2019 年 7 月

目　录

第一章　概述 ///////////////////////////// **01**

第一节　起源与发展…………………………　02
第二节　场地和装备…………………………　05

第二章　运动保健 ///////////////////////////// **07**

第一节　自我身体评价…………………………　08
第二节　运动价值…………………………　14
第三节　运动保护…………………………　19

第三章　咏春拳功法练习 ///////////////////////////// **29**

第一节　基本功练习…………………………　30
第二节　击打墙靶练习…………………………　35

第四章　基本技术 ///////////////////////////// **41**

第一节　步法…………………………　42
第二节　拳法…………………………　45

第三节　腿法··· 49

第四节　子午三星捶······························ 54

第五节　粘手练习·································· 58

第六节　盘手练习·································· 78

第五章　**咏春拳套路——小念头** ///////////// **81**

第一节　圈手······································· 82

第二节　抹手与弹手······························ 88

第六章　**咏春肾气归元功** ///////////////// **99**

第一节　肾气归元功的原理···············100

第二节　肾气归元功的练法···············102

第七章　**比赛规则** ///////////////////////// **115**

第一节　比赛方法·······················116

第二节　裁判方法·······················118

1

第一章

概述

　　咏春拳属于中国南拳的拳术之一，早年流行于广东、福建各地，是一种集内家拳法和近打于一身的拳术。它立足于实战，具有招式多变、运用灵活、出拳弹性、短桥窄马、擅发寸劲的特点。

第一节　起源与发展

　　咏春拳大约起源于清代中晚期，到清代末年，传至广东佛山，并在当地迅速扬名。目前，咏春拳已成为世界上流行最广的武术项目之一。

一、起源

　　咏春拳是少林嫡传武技之一，关于咏春拳的起源，大致有以下几种说法：

　　第一种说法，咏春拳的创始人是福建的严咏春，咏春拳也因此而得名。严咏春是清朝中期少林俗家弟子严二之女，她偶然看到蛇鹤相争，受启发而在自己原有的武功基础上，创编了咏春拳。

　　第二种说法，咏春拳始创于五枚师太。五枚师太是清初的少林派弟子，由于福建莆田南少林被清兵焚毁，她为了避祸，隐居于川滇边界的大凉山。因见蛇鹤相争而创出咏春拳，后来便传给严二、严咏春父女。

第三种说法，五枚师太创咏春拳后，并非直接传给了严咏春，而是传给了少林弟子苗顺，苗顺传给少林俗家弟子严二，严二再传给女儿咏春及女婿梁博俦。

第四种说法，咏春拳的前身应为泳春拳，是清初反清组织天地会的武技，为河南嵩山少林弟子一尘庵主所创。他首先传给汀昆戏班的武生张五。张五后来落难到广东，落脚于南海县佛山镇（今佛山市南海区）大基尾的琼花会馆，将咏春拳传给粤剧界诸弟子。咸丰年间李文茂起义，诸弟子为避祸而将"泳春拳"的"泳"字改为"永"或"咏"。

第五种说法，又说咏春拳应为"永春拳"，得名于福建泉州少林寺的永春殿，乃当年进殿者所习的南派内家拳法，全称是"少林永春"，总教习为少林弟子至善禅师。

二、发展

随着咏春拳的不断发展，习练者遍及世界各地。如今，咏春拳逐步走上规范化道路，成为全民健身运动的有机组成部分。

（一）传播

清朝末年，身怀咏春拳绝技的梁赞随父亲来到中国四大名镇之一，有"武术之乡"之称的佛山。由于他技艺超群，咏春拳得以迅速扬名。

1949 年，梁赞第 3 代弟子叶问到香港设馆，咏春拳得到更广泛的传播。叶氏桃李盈门，高徒辈出，其中就有扬威世界的功夫巨星李小龙。

1970 年，叶问弟子梁挺创办"国际咏春总会"。

1996 年，中国体育运动委员会武术运动管理中心邀请香港咏春体育会黄淳梁主席，在北京举办了内地首次全国咏春拳短训班。黄淳梁第一次提出了"咏春拳学"的理论，即如何运用现代科学理论去解释随意对抗的规律性。自此，咏春拳在全国迅速发展起来。

目前，咏春拳已从其故土——广东佛山，迅速向世界扩展，成为世界上流行最广、影响最深远的拳种之一。世界上有 50 多个国家和地区设有咏春拳馆，门徒遍及全世界，达数百万人。

（二）发展趋势

为更广泛地开展群众性体育活动，增强人民体质，推动我国社会主义现代化建设事业的发展，1995 年 6 月，国务院颁布了《全民健身计划纲要》，号召全社会广泛开展全民健身运动。目前，全民健身运动在国内蓬勃发展，中国特色全民健身体系框架已经初步形成。全民健身运动的开展，有利于提高人民的生活质量，丰富群众的业余文化生活，促进社会进步；还有利于加强社会主义精神文明和物质文明建设，提高我国的综合国力，振奋民族精神。

咏春拳内容丰富，形式多样，风格独特，运动简便，老少皆宜，具有广泛的群众基础。长期习练可以提高身体的协调性、灵活性和柔韧性，有助于身体各部位的均衡发展，改善神经系统机能，对心血管系统有良好的调节作用。随着全民健身运动的蓬勃开展，咏春拳已成为全民健身计划的重要组成部分。

第二节 场地和装备

咏春拳运动对场地和装备的要求并不高，但是高质量的场地是运动顺利开展的前提，而良好的装备则是练习者发挥较高技术水平的必要保证。

一、场地

咏春拳运动的日常练习对场地的要求并不高，有一块平整的场地即可，但高水平的咏春拳运动最好在体育馆或武术馆内的正规场地进行，以减少不必要的运动损伤。

(一)规格

1. 正规比赛单练和对练项目的场地长 14 米，宽 8 米。

2. 集体项目的场地长 16 米，宽 14 米。

3. 场地四周内沿应标明 5 厘米宽的边线，周围至少有 2 米宽的安全区（集体项目场地周围至少有 1 米宽的安全区）。

(二)设施

比赛场地应铺设地毯，以防止参赛者发生运动损伤。

(三)要求

1. 比赛场地上方，从地面量起至少应有 8 米的无障碍空间。

2. 如设两个以上的比赛场地，场地之间应有 6 米以上的距离。

二、装备

练习咏春拳时最好穿专业的武术服和武术鞋，这样既有利于动作的练习和美感，又可避免不必要的运动损伤。

图 1-2-1

图 1-2-2

(一)服装

1. 女子为中式半开门小褂（长袖或短袖自定），5 对中式直襻。

2. 男子为中式对襟小褂（长袖或短袖自定），7 对中式直襻。

3. 灯笼袖，袖口处加两对中式直襻。

4. 扎软腰巾，中式裤，西式腰，立裆要适宜。见图 1-2-1。

(二)鞋

比赛和表演中常见的是以羊皮或帆布制面、软胶制底的武术表演专用鞋，这种鞋既舒适又美观。见图 1-2-2。

2

运动保健

体育运动对增强体质、预防疾病和促进人体健康具有良好的作用。但是,并非所有人做相同的运动都会达到同样的效果。对于同一种运动负荷,不同的人机体反应差异很大。即使是同一个个体,在不同时期、不同机能状态下,对同一负荷的反应及收到的效果也是不一样的。因此,对于不同个体,应制定适合其机能需要的运动强度、时间、频率和持续周期。从事体育锻炼一定要讲究科学性,使机体最大限度地获得运动价值,使某些疾病得到有效的防治或祛除。

第一节　自我身体评价

自我身体评价是指根据个体的不同情况,以及简单的功能评定标准,对锻炼者进行身体评价,并以此为依据,确定具体的锻炼内容。

一、适宜人群

体适能是全身适应性的一部分,是人体对现代生活的适应能力。为了促进健康、预防疾病、提高生活质量和工作学习效率,几乎所有人都可以追求健康体适能,而且经过简单的评价和测试,均可以成为目标人群,即适宜人群。

(一)健康体适能评价标准

健康体适能是指身体有足够的活力和精力处理日常事务,不会感到过度疲劳,并且还有足够的精力去享受休闲活动或应付突发事件。

健康体适能是确定锻炼者是否为运动适宜人群的主要依

据。目前的评价标准主要包括国民体质测定标准、学生体质测定标准和普通人群体育锻炼标准等。

国民体质测定标准主要包括形态指标、机能指标和素质指标 3 部分，各项指标的测定结果为 1～5 分，共 5 个级别。凡各项指标达不到 4 分或 5 分者，均应纳入健身人群。

学生体质测定标准分为优秀、良好、及格和不及格 4 个级别。优秀水平以下者，均应被纳入健身人群。

普通人群体育锻炼标准分为 5 个级别，凡达不到 4 分或 5 分者，均应纳入健身人群。

(二)简易运动功能评定

简易运动功能评定的目的在于确定锻炼者有无运动禁忌症或临时运动禁忌，即是否适合参加体育锻炼，以防万一，避免意外事故发生。目前通行的方式为 3 分钟踏台阶测试。

1. 目的

测试锻炼者运动后心率恢复情况，以评估其心肺功能。

2. 器材

30 厘米高的长凳、节拍器、秒表和时钟。见图 2-1-1。

3. 步骤

(1) 节拍器设定为每分钟 96 次，测试者依"上上下下"的节拍运动 3 分钟，每次踏上台阶应达到直膝，而且先踏上的脚先落下。

(2) 测试者完成 3 分钟踏台阶后，5 秒钟内开始测量脉搏，时间为 1 分钟，记录下心率，并依据表 2-1-1 评价功能水平。

(3) 运动后心率越低，证明心肺功能越好，在运动强度允许的范围内，锻炼者可选择运动强度的较高值来进行运动。

4. 注意事项

如测试者经过努力仍无法达标，或出现头晕、胸闷、出冷汗等症状，应立即终止测试。运动中应特别考虑运动强度，以防止出现意外。

图 2-1-1

表 2-1-1（单位：次／分钟）

	年龄(岁)	欠佳	尚可	一般	良好	优异
男士	18~25	>115	105~114	98~104	89~97	<88
	26~35	>117	107~116	98~106	89~97	<88
	36~45	>119	112~118	103~111	95~102	<94
	46~55	>122	116~121	104~115	97~103	<96
	56~65	>119	112~118	102~111	98~101	<97
	65+	>120	114~119	103~113	96~102	<95
女士	18~25	>125	117~124	107~116	98~106	<97
	26~35	>128	119~127	111~118	98~110	<97
	36~45	>128	118~127	110~117	102~109	<101
	46~55	>127	121~126	114~120	103~113	<102
	56~65	>128	118~127	112~117	104~111	<103
	65+	>128	122~127	115~121	101~114	<100

二、锻炼目标

锻炼目标应根据锻炼者不同的身体状况来确定,可分为近期目标和远期目标。此外,确定锻炼目标还应结合锻炼者的运动意向、愿望、兴趣,以及本人的健康状况等因素来进行。

(一)近期目标

近期目标是指锻炼者初期应达到的目标。在进行运动前,应首先明确锻炼目标,即近期目标。选择一两个健康体适能构成要素,作为未来两个月内努力完成的目标,而且应从成功概率较高的构成要素开始,并将预期两个月后要达到的目标做上记号,如提高某个或某些关节的活动幅度,增强某块肌肉或某肌肉群的力量等。

(二)远期目标

远期目标是指锻炼者最终要达到的目标。实践证明,经过科学合理的锻炼,锻炼者是可以达到一般的远期目标的,如提高心肺功能,使其达到优秀的等级,或达到降血脂和防治高血压、冠心病的目的等。

三、运动负荷

运动负荷即运动量。怎样控制运动量、合适的运动时间是多少等,一直是有争议的问题。但有一点是可以肯定的,任何的意见和建议,都需要综合考虑锻炼者的身体状况和所要达到的目标,并以此为依据来制订科学的身体锻炼计划。

(一)运动强度

在运动过程中,运动强度过小,无法达到锻炼效果;运动强度过大,不仅达不到最佳的锻炼效果,还可能产生一些副作用,甚至出现意外事故。确定运动强度有两种方法,即心率简易推测法和主观感觉疲劳分级表推测法。

1. 心率简易推测法

(1)年龄在 20 岁左右的年轻人,身体健康,能坚持体育锻炼,欲进一步提高身体机能,可取最大心率值(最大心率值=220-年龄)的 65% ～ 85%。

(2)年龄在 45 岁以下,身体基本健康,有运动习惯者,开始进行健身锻炼,可取最大心率值的 65% ～ 80%;没有运动习惯者,开始进行健身锻炼,可取最大心率值的 60% ～ 75%。

(3)年龄在 45 岁以上,身体基本健康,有运动习惯者,开始进行健身锻炼,可取最大心率值的 60% ～ 75%;没有运动习惯者,建议根据自身情况咨询专业人员来指导和确定运动强度。

2. 主观感觉疲劳分级表推测法

运动的疲劳程度大致分为 10 级,具体为:0 ～ 1 级,没感觉;2 ～ 3 级,尚轻松;4 ～ 5 级,稍累;6 ～ 7 级,累;8 ～ 9 级,很累;10 级,精疲力竭。因此,健身锻炼的运动强度应控制在主观感觉疲劳程度的 4 ～ 7 级之间。

(二)运动频率

运动频率是指每日及每周锻炼的次数。一般每周锻炼 3 ～ 4 次,即隔日锻炼 1 次即可。充足的休息时间可使机体得到充分的休息,能收到更好的锻炼效果。

(三)运动持续时间

运动强度和运动持续时间决定了一次锻炼的运动量和热量消耗。运动持续时间与运动强度成反比,运动强度大,运动持续时间可相应缩短；运动强度小，则运动持续时间相应延长。一般的健身锻炼，运动持续时间以每天 20 ～ 60 分钟为宜，其中包括准备活动时间、健身锻炼时间和整理活动时间。每次健身锻炼应在 20 分钟以上，锻炼可一次性完成，也可分段进行，但每段活动时间应在 10 分钟以上。

第二节 运动价值

运动价值是人们一直在探讨的问题。一般认为,运动具有两个方面的价值,即健身价值和心理价值。身体和精神的健康是相互依存的,伴随着身体功能的改善,精神状况也能同时得到改善。

一、健身价值

健身价值在于提高体适能。体适能包括心肺耐力素质、肌肉力量素质、柔韧性素质和身体成分等。体适能的发展是积极从事锻炼的结果,只有规律性的体育锻炼才能达到最佳的体适能。

(一)提高心肺耐力素质

心肺耐力是指全身肌肉进行长时间运动的持久能力,是体内心肺系统对身体各细胞的供氧能力。人体的心脏、肺、血管、血液等组织的功能是心肺耐力的基础,与氧气和营养物质的输送以及代谢物的清除有关。健全的心肺功能是健康的基本保证。

系统的体育锻炼,可以使心肌增厚,收缩力加强,心室容积增大,从而使心脏的泵血功能增强,表现为心血输出量增加,心脏的能力得到提高。

系统的体育锻炼,也可使呼吸系统机能得到提高,表现为呼吸肌力量增强,肺活量、肺通气量明显增加,呼吸系统的工作能力提高,同时还提高了向机体供氧的能力。

系统的体育锻炼,可以促进血管系统的形态、机能和调节能力,提高机体的工作能力。

系统的体育锻炼,可以使血液系统产生某些适应性变化,如血容量增加、血黏度下降、红细胞膜弹性增强、红细胞变形能力增强等。

(二)提高肌肉力量素质

肌肉力量是指肌肉最大收缩产生的对抗阻力或负荷的能力。肌肉力量只有达到一定程度,才能克服外界阻力,而克服外界阻力是维持日常生活自理能力,从事各种劳动和运动的必要前提。

系统的体育锻炼,可以提高肌肉的生理横断面积,改善神经系统对肌肉收缩的支配功能,还可以提高肌肉内代谢物质的储备量,以有效地提高肌肉质量,使肌肉力量得到提高。

(三)提高柔韧性素质

柔韧性是指人体各关节的活动幅度,即关节的肌肉、肌腱和韧带等软组织的伸展能力。柔韧性对于保证正常生活质量、维持正常体态、预防损伤发生和减轻损伤程度等方面均起着至关重要的作用。

通过系统的体育锻炼,可以延缓因年龄因素而导致的身体柔韧性下降,预防因缺乏运动而导致的关节结构、周围软组织和膝关节肌肉退化,从而使锻炼者在日常生活、劳动和运动时充满活力。

(四)改善身体成分

身体成分是指人体体重中的脂肪组织和去脂组织的重量百分比。身体成分中的脂肪成分增加,肌肉成分必然下降。身体中不具备收缩功能的脂肪组织增加,必然导致身体进行各种活动的能力下降、基础代谢水平降低和肥胖症、冠心病、高血压、糖尿病、高血脂等慢性疾病发病率的升高。因此，合理的身体成分是保证人体健康的重要内容之一。

系统的体育锻炼可以使锻炼者的体质得到增强，这样，热量消耗便会随之增加，进而燃烧体内多余的脂肪，使身体成分得到改善。而身体成分的改善，又可以减少体重对关节带来的不利影响，还可以使肥胖者的心理状况得到改善，增强其自信心，逐步建立健康的生活方式。

二、心理价值

研究证明，体育锻炼不但可以使锻炼者增强体质、促进身体健康、预防慢性疾病，还可以提高锻炼者的生活满意度和生活质量，对其心理健康产生明显的积极影响。

体育锻炼的心理健康效应主要表现在以下 6 个方面：

（一）改善情绪状态

1. 短期效应

研究发现，体育锻炼对人的情绪状态具有显著的短期效应。运动后人们的焦虑、抑郁、紧张和心理紊乱程度显著减轻，而精力和愉快程度则显著增强。这种情绪的迅速变化，与锻炼者个体的健康状况、活动形式和活动强度等有直接的联系。

2. 长期效应

体育锻炼对人情绪的长期效应有直接影响，与不锻炼者相比，有规律的锻炼者在较长时期内很少会产生焦虑、抑郁、紧张和心理紊乱等情绪。

（二）完善个性行为特征

人的行为特征一般可以分为两种类型，用 A 型行为特征和 B 型行为特征来表示。A 型行为特征主要表现为性情急躁、争

表 2-2-1 A、B 型行为特征表现

A 型行为特征者常见表现	B 型行为特征者常见表现
约会从来不迟到	对约会很随便
竞争意识很强	竞争意识不强
别人要讲话时总爱抢先或插话	别人讲话时是很好的听众
总是匆匆忙忙	即使有压力也从不匆忙
等待时缺乏耐心	能够耐心等待
做事全力以赴	处事漫不经心
同时想做很多事	在一定时间里只做一件事情
讲话喜欢加重语气，甚至敲桌子	讲话语速缓慢、不慌不忙
做了好事希望能得到别人的承认	只要自己满意即可，不管别人怎么想
吃饭、走路都很快	没什么业余爱好
不善与人相处	为人随和
容易暴露自己的情感	能控制自己的感情
具有广泛的兴趣	满足于目前的工作和学习状况
胸怀雄心壮志	做事情很慢

强好胜、容易激动、整天忙碌等；B 型行为特征主要表现为不好竞争、不易紧张、不赶时间、待人随和、喜欢自由自在等。具有 A 型行为特征的人由于过度紧张的情绪反应，会引起内分泌失调，增加心脏病发病的概率。目前的一些研究主要集中在体育锻炼对改变 A 型行为特征的作用方面。研究结果表明，有规律的体育锻炼能明显改变 A 型行为特征，使其发生显著的积极变化。见表 2-2-1。

(三)确立良好的自我概念

自我概念是指个体对自己身体、思想和情感的主观整体评价，由许多自我认识组成，包括我是什么人、我主张什么和我喜欢什么等。

坚持体育锻炼，可以使锻炼者体格强健、精力充沛、提高驾驭身体的能力，从而改善对自身的满意程度，确立良好的自我概念。

（四）改变睡眠模式

根据脑电图显示，人的睡眠可以分为两种状态，即慢波睡眠状态和快波睡眠状态，前者为浅度睡眠状态，后者为深度睡眠状态。一夜之间两种睡眠状态会交替发生 4～5 次。

有规律的体育锻炼不仅对慢波睡眠有改善作用，而且能缩短入眠的潜伏期，延长睡眠时间。

（五）改善认知能力

体育锻炼还能改善人的认知过程，避免反应时间过长、注意力不集中和思维混乱等症状的发生，尤其对老年人认知能力的改善效果更为明显。

（六）增强心理治疗效应

体育锻炼被公认为是心理治疗的好方法。目前，人群中常见的心理疾病是抑郁症和焦虑症。研究发现，体育锻炼是治疗抑郁症的有效手段之一。抑郁症患者经过有规律的体育锻炼，能显著减轻症状。

体育锻炼还具有治疗焦虑症的作用，通过有规律的体育锻炼，锻炼者的焦虑症状可以得到明显缓解。

第三节 运动保护

在运动过程中,人体机能会随时发生变化。因此,应针对这个特点来进行体育锻炼,也就是我们所说的运动保护。运动保护一般包括运动前准备、运动后放松和自我养护 3 个方面。

一、运动前准备

准备活动是指在正式运动之前进行的有目的的身体练习。做好充分的准备活动,可以缩短机体进入最佳状态的时间,同时还可以预防运动损伤的发生,为机体发挥最大的工作效率做好功能上的准备。

(一)准备活动的作用

1. 提高中枢神经系统兴奋状态

(1)使大脑反应速度加快,参加活动的运动中枢神经间相互协调。

(2)为正式运动时生理机能达到适宜程度提前做好准备。

2. 提高机体代谢水平

(1)准备活动可以使锻炼者体温升高,降低肌肉黏滞性,使肌肉的伸展性、柔韧性和弹性增强,从而有效预防运动损伤的发生。

(2) 准备活动可以增强体内代谢酶的活性，使物质代谢水平提高，以保证运动时有较充分的能量供应。

3. 克服内脏器官生理惰性

(1) 准备活动可以提高心血管系统和呼吸系统的机能水平，使肺通气量及心血输出量增加。

(2) 可以使心肌和骨骼肌的毛细血管扩张，使其工作肌获得更多的氧，从而克服内脏器官的生理惰性，使之尽快达到最佳状态。

4. 增加皮肤毛细血管血流量

准备活动可以使皮肤毛细血管的血流量增加，运动后毛细血管扩张，有利于散热，降低体温，有效防止正式活动时由于体温过高而影响运动能力。

(二) 准备活动的要求

1. 准备活动的时间

(1) 准备活动的时间可以根据运动项目的具体情况确定，一般以 10 ～ 30 分钟为宜。

(2) 准备活动与正式运动的间隔时间，一般以不超过 15 分钟为宜，可以在做完准备活动后立刻进行正式运动。

2. 准备活动的强度

(1) 准备活动的强度和量应较正式运动小，以免引起疲劳。

(2) 准备活动的量可以由心率决定，心率以 100 ～ 120 次 / 分钟为宜。

(三) 一般性准备活动

一般性准备活动的内容多以伸展运动开始，然后进行一般性的跑步、徒手体操等活动。

下面介绍一套常用的一般性准备活动操，供锻炼者运动前使用。这套活动操主要包括头部运动、肩部运动、扩胸运动、体侧运动、体转运动、髋部运动和踢腿运动等。

1. 头部运动

两手叉腰，两脚左右开立，做头部向前、向后、向左、向右，以及绕环运动。见图 2-3-1。

图 2-3-1

2. 肩部运动

手扶肩部，屈臂向前、向后绕环，以及直臂绕环。见图 2-3-2。

图 2-3-2

3.扩胸运动

屈臂向后振动及直臂向后振动。见图 2-3-3。

图 2-3-3

4.体侧运动

两脚左右开立，一手叉腰，另一臂上举，并随上体向对侧振动。见图 2-3-4。

图 2-3-4

5. 体转运动

两脚左右开立，两臂体前屈，身体向左、向右有节奏地扭转。
见图2-3-5。

图2-3-5

6. 髋部运动

两脚左右开立，两手叉腰，髋关节放松，向左、向右360度
旋转。见图2-3-6。

图2-3-6

7. 踢腿运动

两臂上举后振，同时一腿向后半步，重心置于前腿，两臂下摆后振，同时向前上方踢腿。见图 2-3-7。

图 2-3-7

二、运动后放松

运动后放松是指运动后进行的一些能够加速机体功能恢复的、较轻松的身体活动。与运动前的准备活动相反，其目的是使锻炼者的生理机能水平逐步得到恢复。

(一)放松方法

1. 运动性手段

（1）运动结束后，锻炼者可采用变换运动部位的方法来消除疲劳，如上肢出现疲劳时可做一些慢跑运动，下肢出现疲劳时，可做一些上肢运动。

（2）转换运动类型也是一种不错的放松方法，如打羽毛球出现疲劳时可做瑜伽来达到放松的目的。

（3）还可以用调整运动强度的方法来缓解疲劳，如可以在放松过程中，采用小强度的轻微运动方法等。

2. 整理活动

（1）整理活动是指运动后所做的一些能够加速机体功能恢复的身体活动，如剧烈运动后进行 3 ～ 5 分钟慢跑或其他整理活动，使身体机能得以恢复。

（2）剧烈运动后若不做整理活动而骤然停止动作，会影响氧气的补充和静脉血的回流，使机体血压降低，引起不良反应。见图 2-3-8。

（二）注意事项

1. 在进行整理活动时动作应缓慢、放松，运动量不要过大，否则会引发新的疲劳。

2. 在进行整理活动时，应当保持心情舒畅、精神愉悦。

图 2-3-8

三、自我养护

锻炼后，锻炼者感觉身体疲劳是一种正常的生理现象，是体育锻炼过程中的正常反应。随着体育锻炼时间的延长，疲劳症状自然会消失。运动性疲劳出现后，锻炼者如果采用一些自我养护措施，可以加速身体机能的恢复，尽快消除疲劳，提高锻炼效果。常见的自我养护方法主要包括运动后休息、合理营养和物理手段。

（一）运动后休息

1. 静止性休息

（1）静止性休息是指锻炼者运动后保持机体相对静止的状态，以促进身体机能恢复，尽快消除疲劳。

（2）静止性休息的最佳方式是睡眠，特别是刚开始从事锻炼者，身体不适应或疲劳症状明显时，更应该保证充足的睡眠，否则，锻炼者虽然积极参加了体育锻炼，但收效甚微，甚至会导致过度疲劳症状的发生。

（3）静止性休息更适合消除全身运动导致的整体疲劳症状。见图 2-3-9。

图 2-3-9

2. 积极性休息

（1）积极性休息更适合由于少量肌肉群参与工作而导致的局部疲劳，或运动强度较大而导致的快速疲劳。

（2）积极性休息可以加速血液循环，有利于代谢物排出体外，对促进身体机能的恢复具有明显的效果。见图 2-3-10。

图 2-3-10

(二)合理营养

小强度、长时间的运动形式，主要是靠糖原的有氧代谢提供能量。运动后应及时补充淀粉类食物，如面粉、大米等，以促进糖原的合成。随着人民生活水平的提高，在饮食结构中，肉类食品的比重不断增加，而淀粉类食品的比重逐渐减少，这一现象应当引起人们的注意。特别是老年人参加体育锻炼，更应注意对淀粉类食物的补充。

强度较大、时间又相对较长的运动形式，主要是靠糖原的无氧代谢提供能量。这样，糖原无氧代谢产物——乳酸便会在体内大量堆积。因此，运动后应多补充蔬菜、水果等碱性食品，以加速乳酸的清除，尽快消除疲劳。见图 2-3-11。

图 2-3-11

(三)物理手段

1. 按摩及牵拉

(1)通过按摩刺激神经末梢、皮肤结缔组织和毛细血管，可以使紧张的肌肉得以放松，从而改善局部组织，加速全身的血液循环，达到促进身体机能恢复的目的。这种方法可以在锻炼后马上进行。

(2)此外，还可以采取缓慢牵拉肌肉的方法，使收缩的肌肉得到充分的伸展放松。见图2-3-12。

图 2-3-12

2. 水疗及电疗

(1)水疗包括芬兰式蒸汽浴、热水浴和桑拿浴等多种形式，主要作用是通过提高体温促进血液循环，清除代谢物，以达到尽快消除疲劳、恢复体力的目的。

(2)水疗的时间一般以不超过30分钟为宜，如果时间过长，会进一步消耗体力，严重时甚至会出现暂时性脑缺血现象。

(3)如果条件允许，还可以对疲劳的肌肉进行低频治疗。低频治疗仪的原理是模拟针灸疗法，使用时将电极用不干胶对称地粘贴在运动部位表皮上。这种疗法可以促进局部血液循环，改善组织代谢，缓解肌肉酸痛，消除疲劳。

3

第三章

咏春拳功法练习

　　咏春拳是一种以上肢打击技术为主的格斗型武术，更是一种近战型战术。在真正的打斗中，无论格斗双方有没有练过武术，通常向对方攻出的第一件武器便是拳头，这也是人类最为原始的本能化格斗武器。咏春拳功法练习包括基本功练习和击打墙靶练习等。

第一节　基本功练习

　　咏春拳作为以实战而著称的拳术，必须注重实战功力的训练。当然，咏春拳拳头上的功力训练方法同它的技术体系一样，也是极为简便而易练的，任何人只要用心练习，都可以使功力大增。基本功练习包括拳功练习和连环拳练习等。

一、拳功练习

　　咏春拳要求练习者出拳要快，防守要严密，马步要灵活，上落要快，攻守兼备及守攻同期等。由于咏春拳注重刚柔并济，因而练习者的气力消耗量较少。

（一）右拳练习

1. 动作方法

（1）由正身摆桩开始，目视前方，两拳放于胸前，自然呼吸。

（2）先将右拳移向胸部中线，身体不动。

（3）以肘部发力将右拳沿中线放松地向正前方打出。

（4）直至将手臂向前方完全打直的瞬间，再将拳力果断发出。见图 3-1-1。

2. 技术要点

拳头打出时，手腕须直，以利于劲力的充分释放。

3. 错误纠正

练习时易出现重心不稳，身体和打出的拳不协调等问题。因此，应全身放松，以肘部发力，并将右臂打直后再收回，右拳打出时，肩部不可有向前伸出或向前推动的动作，拳头须放松地打出。

图 3-1-1

（二）左拳练习

1. 动作方法

（1）由正身摆桩开始，两拳放于胸前，目视前方。

（2）先将左拳移向胸部中线，身体不动。

（3）以肘部发力将左拳沿中线放松地向正前方打出。

（4）直至将手臂向前方完全打直的瞬间，再将拳力果断发出。见图 3-1-2。

2. 技术要点

拳头打出时，手腕须直，以利于劲力的有效释放。

3. 错误纠正

练习时易出现重心不稳，身体和打出的拳不协调等问题。因此，应全身放松，以肘部发力，并将左臂打直后再收回，左拳打出时，肩部不可有向前伸出或向前推动的动作，拳头须放松地打出。

图 3-1-2

二、连环拳练习

连环拳是咏春拳中最重要的训练手段和攻击手段之一,应加以强化训练。练习时,练习者须时刻谨记"守中用中"与"不动肩"原则。之所以要反复强调打击中线,是因为人体的大多数要害部位都集中于中线上。

1. 动作方法

(1)身体直立,目视前方,两拳置于胸侧。

(2)先将右拳归中,身体不动,将右拳沿中线向正前方打出,到"臂直"状态为止,进行呼气配合。

(3)在右拳打完后回收的同时,将左拳从右拳的上侧沿中线向前打出。

(4)左拳须自然地向正前方打出,直至将左臂向前打直为止。

(5)在左拳打完后回收时,再将右拳从左拳上方果断打出。

(6)右臂须沿中线向前打出,身体不可晃动,直至将右臂向前打直为止。见图3-1-3。

2. 技术要点

(1)细心体会劲力的运用,每拳均从手腕上方打出,由于两点之间直线最短,所以每拳应沿最直接的路径果断地打击目标,或者说抢先击中对方。

(2)无论哪一拳打出时,另一拳均须守护于攻出臂的肘关节处,即所谓攻守合一,以严密屏护住正面要害。

3. 错误纠正

练习时易出现重心不稳,身体和打出的拳不协调,出拳的节奏和速度不准等问题。因此，出拳时身体不要随之摆动，每拳均应从手腕上方打出，注意拳打出的方向，要打中心线。

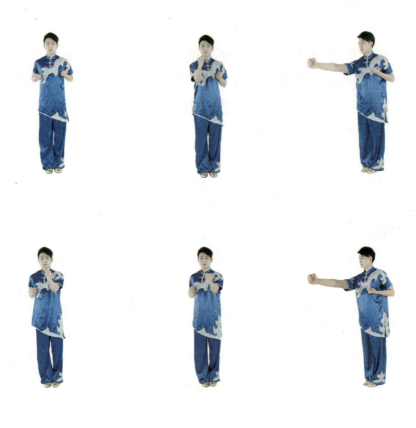

图 3-1-3

第二节 击打墙靶练习

在咏春拳中，打击挂在墙壁上的墙靶（或沙包），可以最大限度地磨炼拳头的硬度和杀伤力，增强劲力的穿透能力。当练习者集中精力去击打墙靶时，打击力并非只是作用于墙靶本身，而是透过墙靶将力量作用在墙壁上。因此，击打墙靶可以将练习者的打击潜力发挥至极限。咏春拳击打墙靶练习包括单拳打击练习和连环拳打击练习等。

一、单拳打击练习

单拳打击练习主要是以右拳、左拳的单式动作进行的反复的打击训练。首先应熟练掌握正确的动作要领，然后再去慢慢挖掘拳头上的杀伤力度。

（一）右拳练习

1. 动作方法

（1）面对墙靶，身体直立，两拳置于胸侧。

（2）呼气的同时，将右拳沿中线果断打出，使右拳沿直线径直向正前方击出。

（3）运用肘部力量去击打墙靶的中心位置。

（4）将右拳向前打至臂直状态为止，并使拳头准确地击中墙靶的中心位置。见图3-2-1。

2. 技术要点

要配合呼气出拳，基本的呼吸准则是打呼、收（拳）吸，打拳时身体不要僵硬，以免影响爆发力。

3. 错误纠正

练习时易出现身体左右摆动等问题。因此，出拳打击时身体不可晃动，以免影响咏春拳特有的短距离爆发力的有效发挥与运用。

图 3-2-1

（二）左拳练习

1.动作方法

（1）面对墙靶站立，身体直立，两拳置于胸侧。

（2）呼气的同时，将左拳沿中线果断向前方打出。

（3）发挥肘部力量去击打墙靶的中心位置。

（4）将左拳向前打至臂直状态为止，并使拳头准确地击中墙靶的中心位置。见图3-2-2。

2.技术要点

要配合呼气出拳，基本的呼吸准则是打呼、收（拳）吸，打拳时身体不要僵硬，以免影响爆发力。

3.错误纠正

练习时易出现身体左右摆动等问题。因此，出拳打击时身体不可晃动，以免影响咏春拳特有的短距离爆发力的有效发挥与运用。

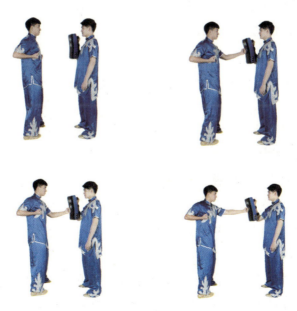

图3-2-2

二、连环拳打击练习

在咏春拳中，连环拳打击练习主要是利用墙靶来磨炼练习者拳面的硬度，以及提高拳头快速的连环狠击的能力。

1. 动作方法

（1）身体直立，目视正前方，两拳置于胸侧。

（2）右拳归中，沿胸前中线打出，直至打至臂直状态，将力量果断完整地发出。

（3）右拳打完后回收的同时，将左拳从右拳上方沿中线打出。

（4）左拳径直打向正前方的目标。

（5）左拳准确地击中墙靶，右拳护于左肘关节处。

（6）左拳打完后回收时，再将右拳从左拳上方打出。

（7）右拳放松地沿中线向正前方打出，直至打至臂直状态为止，同时配合呼吸。见图 3-2-3。

2. 技术要点

（1）开始练习时，可用较慢的速度去打击，仔细体会动作要领。

（2）应放松身体和肢体去打击，以保持自身应有的灵活性、快速度和爆发力。

（3）要配合好呼吸出拳，可以先吸一口气，分 5 次呼完，也就是每打击一次就呼出一点，呼气不仅可以用来增强打击力量，还可排出体内废气，并调整好呼吸，从而在无形中增强耐力。

3. 错误纠正

练习时易出现出拳的方位不准，身体的灵活度不够等问题。因此，应在做动作时，身体立直，肢体放松，保持自身的灵活性，发挥出更快的速度和更强的爆发力。

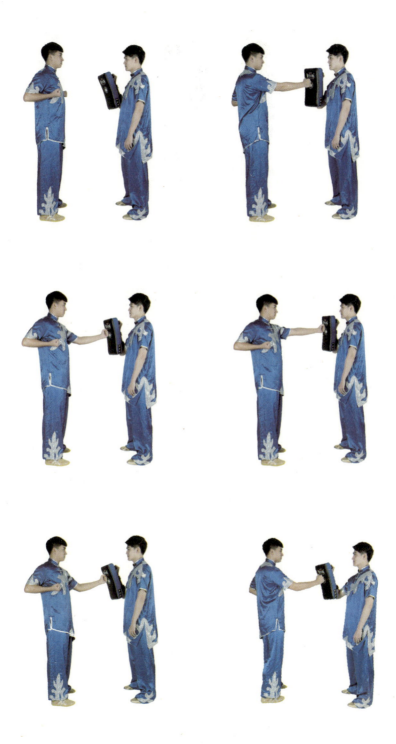

图 3-2-3

4

第四章

基本技术

咏春拳的基本技术是咏春拳的入门技术，只有掌握了基本技术才能更好地学习新的技术。咏春拳的基本技术包括步法、拳法、腿法、子午三星捶、粘手练习和盘手练习等。

第一节 步法

咏春拳的步法在实战中是至关重要的，它关系到练习者瞬间移动的速度和移动后的出击力度。只有掌握了基本步法，才能更好地发挥出咏春拳的威力。

一、二字钳羊马

二字钳羊马是咏春拳中特有的代表动作，又称为"二字钳阳马"或"正身马"，这是咏春拳中最基本的步法动作，也是一种使自身处于极为稳固的状态的姿势。

1. 动作方法

（1）全身放松，自然站立，两手握拳向上收于腋下（胸侧），其高度基本上与胸呈一水平线。

（2）两膝略弯曲，重心略下沉，以两脚跟为轴心，使两脚的前掌同时向外转出，转动的幅度应接近使两脚外展呈一直线。

（3）再以两前脚掌为轴心，将两后跟同时向外转出，使两脚尖相对，并且与脚后跟所成角度呈"等边三角形"。见图 4-1-1。

2. 技术要点

以"二字钳羊马"站立时,两膝应有一种向内"钳"的力量,俗称"钳膝力"。

3. 错误纠正

练习时易出现身体前倾或后仰,保持不住身体的重心等问题。因此,由头至脚的位置应自然呈一直线,同时气沉丹田,头部不得后移或前倾,否则易遭到对方的打击。

图 4-1-1

二、子午步箭马

子午步箭马是咏春拳中最基本,也是最实用的一种攻击性步法,简称"步箭马"。它是一种通过侧身,以减少被对方打击面积,并迅速插入对方中门的攻击性步法。

1. 动作方法

(1)由前锋桩开始。

(2)前脚向前上方迅速提,向正前方踏下去(踏进去),身体随步法移动,移动的同时上身保持戒备。

(3)以前脚踏在地面上的力度为支点,快速将后脚及整个身体同时"扯"到前面，恢复前锋桩姿势。见图 4-1-2。

2. 技术要点

身体和步子要协调，动作要迅速，在做动作的同时注意防守。

3. 错误纠正

上步的速度要快，在上步的同时身体也要随之移动，迈出的步子应适度，同时身体不要前倾或后仰。

图 4-1-2

第二节 拳法

咏春拳的拳法有日字冲拳和进马冲拳，这两种拳法在实战中具有很大的技击能力和杀伤力，都是以快见长。

一、日字冲拳

日字冲拳是咏春拳中最重要的拳法，也是实战中运用频率最高的拳法，堪称咏春拳攻击技法中之"中坚骨干"。它是咏春拳中攻击速度最快、最迅捷的拳法，出拳时对身体原姿势的变动最小，故而打击的准确性极佳，突发性亦强，对方极难防范。

1. 动作方法

（1）二字钳羊马站立。

（2）拳边往前打出，边移向"中线"，或是先把拳移至"中线"，再径直向正前方直线打出。见图4-2-1。

2. 技术要点

（1）出拳前，手不要置于腰部，更不能由己方腰部出拳，以免增加攻击时间。

（2）由前手发出攻击，增加攻击突发性，提高打击命中率。

（3）出拳时身体及手臂不可僵硬，以免影响打击速度和"瞬间爆发力"的发挥。

（4）上体应保持"中正不动"。

（5）手臂尽量打直，将劲力毫无保留地发出去，当拳头打直及劲力尽数发出来后，快速收回，以备再次打击或防备对方的反击。

（6）拳由"中线"果断打出，并原路线迅速收回，保持"守中用中"之要诀。

图 4-2-1

3. 错误纠正

练习时易出现身体随出拳而前后或左右摇摆等问题。因此，应控制好身体的重心，出拳时身体不可晃动。

二、进马冲拳

进马冲拳是咏春拳中具有杀伤力的重要拳法，也是实战中运用频率很高的拳法，它的要点是上步快，出拳快，突发性强，对方极难防范。

1. 动作方法

（1）由前锋桩开始。

（2）左脚蹬地，右脚迅速提起向前滑，同时打出右日字冲拳。

（3）右脚蹬地，左脚迅速"扯"前，同时将右拳由放松状态径直向前打尽、打直，将自身所有的劲力尽悉发放出去。

（4）右脚向前冲刺，将左拳打出，目标仍是正前方之"中线"要害处。

（5）右脚蹬地，再将左脚以"钳膝力"扯前，同时将左拳打尽。

（6）重复上述动作，继续打出强劲的右拳。见图 4-2-2。

2. 技术要点

上步要快，在上步的同时拳要快速地击出，步法与拳法配合得当，突发性要强。

图 4-2-2

第三节 腿法

一般练武人士多认为咏春拳不注重腿法,甚至是没有腿法,这是很大的误解。其实咏春拳在搏击中无论进退,都是坐后马的,换言之就是将重心放在后腿上。这样,练习者在任何时间都能用前腿或后腿击出。咏春拳的腿法有正蹬腿、正蹬腿迎击和侧撑腿等。

一、正蹬腿

正蹬腿是咏春拳中较为常见的一种腿法。

1. 动作方法

(1) 由正身桩开始。

(2) 上体保持摆桩的姿势不变,右腿果断向前上方屈膝提起。

(3) 呼气的同时以膝关节发力,将右脚迅速向正前方踢出。见图 4-3-1。

2. 技术要点

要在上体稳定的前提下出脚踢击,踢击时身体适度放松,以保证顺畅的踢击速度。

图 4-3-1

3. 错误纠正

练习时易出现身体后仰或前倾等问题。因此，应掌握身体的平衡，控制身体的重心，在出腿时身体不可随之晃动。

二、正蹬腿迎击

在对手攻击我方时，我方可迅速以正蹬腿迎击。

1. 动作方法

（1）练习时，以前锋桩对敌。

（2）当对方猛然挥击右拳重击过来时，我方可在拳头即将打尽、打直的瞬间迅速出左手，向内（右）侧横拍对方腕部，破坏其力道与攻击路线。

（3）我方在出手格挡的同时右脚迅速提起，准确地击中对方的心窝或下腹等致命要害处，以彻底摧毁对方的战斗力。

（4）右脚向前踏落（敌方中门）的同时，右拳突然击中对方面门。

（5）接着一记左冲拳狠击。

（6）最后是一记更为凶狠的右冲拳沉重打击，以连环攻势将对方彻底摧垮。见图 4-3-2。

2. 技术要点

（1）出腿要果断，令对方防不胜防。

（2）出腿前上体一定不能有后移的预动，以免暴露出腿的意图，要养成出腿就必踢对方"中线"要害的习惯。

3. 错误纠正

练习时易出现身体后仰或前倾等问题。因此，应掌握身体平衡，控制身体重心，在出腿时身体不可随之晃动。

图 4-3-2

三、侧撑腿

侧撑腿是具有很大杀伤力的腿法，它的攻击方位是以身体的一侧为准，一脚沿身体的一侧快速击出。

1. 动作方法

（1）练习时，由前锋桩开始。

（2）右腿提膝抬起，蓄力待击。

（3）身体略后倾的同时，以右脚跟为着力点向前方猛然踢出，目标是对方的中盘要害处，发力踢击之时应配合有呼气的动作，同时上肢应进行良好防护。见图 4-3-3。

2. 技术要点

（1）侧撑腿多由前腿突然发出，其支撑脚所朝向的角度应与攻击之脚呈90度，以保持全身最佳的稳定状态。

（2）当脚攻出时，上肢应保持良好的防御状态，一是可防御对方突然的拳打动作，二是当对方欲抱腿摔打时，可及时用前伸的手（右手）去打击对方头面部要害处。

（3）应有向前展髋送胯的动作，尽可能延长打击距离，强化打击威力。

（4）在踢击之前有一个后脚迅速前垫的动作，以增强打击威力。

3.错误纠正

练习时易出现身体前倾、后仰和晃动等问题。因此，应掌握身体平衡，控制身体重心，在出腿时身体不可随之晃动，出腿速度要快，不可拖泥带水。

图 4-3-3

第四节 子午三星捶

咏春拳有四大基本捶法（拳头击打的招式），它们分别是子午捶、偏身捶、毒龙捶和箭捶。四大捶是咏春拳所有基础功法的基础，更是咏春拳的力量源泉。通过练习四大捶，练习者可以进一步掌握身、手、马与眼的配合。所谓子午捶就是中线捶，它是沿着人们的中心线（即胸前）击出的拳。所谓三星捶，就是练习者左右手连续击出子午捶三下以上。"三星"，取自我国俗语"三三不尽，拳如流星"之意。在练习中，武者连环击出子午拳，就是进行三星捶训练了，即打一下是子午捶，连续打三下以上就是三星捶。三星捶是咏春拳中一个重要的功力训练手段。

一、独立扯三星

独立扯三星是指练习者单独一个人练习空击。

1. 动作方法

（1）由二字钳羊马开始，两手向上、向后抽起，落肩收胸，目视前方。

（2）先出左手，拳头穿过心口到右肩，然后回到中线向正前方击出。

（3）在左手击出后或在左手回收的同时，右手如法击出。

（4）练习者左右手连续击出子午捶三下以上。见图 4-4-1。

2. 技术要点

（1）穿心和击拳要一气呵成，每一个子午捶击出时，一定要把整条手臂打直，不留半点虚位，回收的手尽力往后抽，两只手臂一出一入均要发劲，形成对拉状。

（2）收拳和出拳时，两肩要尽量不动，保持中正平稳。

3. 错误纠正

练习时易出现出拳手臂弯曲，拳头由胸前发出等问题。因此，击出的手臂要打成直线，拳头穿过心口到右肩，然后回到中线向正前方击出，整个动作不要分开，一气呵成。

图 4-4-1

二、两人扯三星

在进行一定时间的独立扯三星后，也可以进行两人扯三星对练。

1. 动作方法

两人面对面站立，同时发出子午捶，即两人同发左手或右手，双方的手臂擦着手臂击向对方，这样左右交替、循环往复进行练习。见图 4-4-2。

2. 技术要点

双方击出子午捶时，手臂不是用力碰撞，而是擦臂而上，就像两个楔子同时揳入那样用力。

3. 错误纠正

练习时易出现出拳的力度控制不准，双方碰撞等问题。因此，双方要控制好各自的力度和出手的方位，以免造成碰撞。

图 4-4-2

第五节 粘手练习

粘手是咏春拳中的核心技术，向来被称为是"咏春的心"。它是咏春拳中一个极为重要的组成部分，在搏击中除了可以训练直觉、反应与手感外，还能够保护自己的中盘和上盘。可以说，它是对前面所学的基本技术与格斗技法的一种复合运用。粘手练习包括单粘手练习和双粘手练习等。

一、单粘手练习

单粘手练习是为双粘手练习打基础的，只要掌握了单粘手才能更好地学习双粘手。

（一）单粘手手部动作示范
1. 动作方法

（1）双方以正身马面对面站立，左边练习者伸出左摊手，右边练习者伸出右伏手，压在左边练习者的摊手之上。

（2）左边练习者将左摊手变为手心向前的正掌，并准备向前攻出，右边练习者仍将右伏手压在左边练习者的左腕上。

（3）左边练习者将左正掌向右边拳手心窝打去，右边练习者将右手变掌，压在左边练习者的左腕上，并顺势下沉（枕手）防御，从而压低对方的左掌攻击。

（4）右边练习者在将左边练习者的左掌攻击化解掉的同时，速将右掌变成拳，并准备向对方心窝攻出。

（5）右边练习者将右拳沿中线径直攻出，从右边练习者握拳开始，左边练习者便已感觉到了对方的变化，所以在对方右拳击中身体前的瞬间，便已将左臂变成膀手，并刚好可以格挡开右边练习者的右冲拳。

（6）左边练习者在用膀手挡开对方右拳后变成摊手，从而将对方的右拳挡至"外门"，而右边练习者也正好可以将右拳变成摊手，并顺势压下对方的摊手。

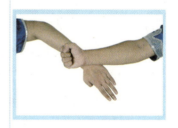

（7）至此，恢复到开始练习前的左边练习者左摊手、右边练习者右伏手状态。见图4-5-1。

2. 技术要点

动作要连环变化，因为从最后一个动作开始，又恢复到刚开始的起势动作，从而可以彼攻此守，此守彼攻，体会感知对方的动作变化。

图 4-5-1

3. 错误纠正

练习时易出现攻防配合不当等问题。因此，应加强攻防的配合。

(二)单粘手单人动作练习——一方拳手

1. 动作方法

(1)练习者以正身马（正身钳羊马）开始，右手沿中线向前伸出，呈手心向上的摊手。

(2)身体不动，右掌内转，呈手心向前的正掌，右臂略弯曲，右肘离身体约为10厘米。

(3)右掌放松，由中线向正前方径直打出。

(4)右肘上提，右手略下沉，呈右膀手。

(5)右肘放下，向身体中线靠拢，同时右手上翻，呈手心向上的摊手。

(6)回到刚开始时摊手的起势动作，可以再连续以右手进行练习，或是换用左手进行练习。见图4-5-2。

2. 技术要点

动作要轻灵，不可僵硬，不要凭蛮力。粘手练习主要锻炼神经感应能力，而不是在斗力，一旦斗力便丧失了练习粘手的意义。

3.错误纠正

练习时易出现动作僵硬，用蛮力等问题。因此，在做动作时不可僵硬，要轻灵，仔细体会用力的感觉。

图 4-5-2

（三）单粘手单人动作练习——另一方拳手

1. 动作方法

（1）练习者由正身马开始，右手沿中线向前伸出，呈手心向下的伏手。

（2）手掌根略下压，即下压对方攻来的正掌，右手始终保持在中线上，下压至一定程度时变为立拳。

（3）右手变拳，径直向正前方打出。

（4）此时对方必用膀手进行防御，我方可随着对方将膀手变成摊手之势，顺势将右拳变成伏手压于对方手腕之上，即回到刚开始的起势动作。

（5）练习者可以不断重复上述动作过程，或是换用左手进行反复练习。见图 4-5-3。

2. 技术要点

动作要轻灵，不可僵硬，不要凭蛮力，注意锻炼神经感应能力，不要斗力，一旦斗力便丧失了练习粘手的意义。

3. 错误纠正

练习时易出现动作僵硬，用蛮力等问题。因此，在做动作时不可僵硬，要轻灵，仔细体会用力的感觉。

图 4-5-3

（四）单粘手完整动作示范

单粘手的完整动作是分解动作的组合。练习时最好由两名练习者配合完成，这样可以促进练习者对动作要领的掌握，并增强各自的实战经验。

1. 动作方法

（1）双方以正身马面对面站立，左边练习者伸出左摊手，右边练习者伸出右伏手，并压在左边练习者的摊手之上，双方的另一手均收于胸侧。

（2）左边练习者将左摊手变为正拳，并准备向前攻出，此时右边练习者仍将右伏手压在左边练习者的左腕上。

（3）左边练习者将左正拳向右边练习者的心窝打去，右边练习者仍将右伏手紧贴左边练习者的左腕上侧，并准备进行下沉防御。

（4）右边练习者以下沉（枕手）动作将左边练习者的正拳

攻击化解,随后应将右掌变成拳。

(5)接下来,左边练习者再将左拳沿中线向对方心窝处径直攻出。

(6)右边练习者由于已经感觉到左边练习者的变化,所以在对方的左拳击中身体前的一瞬间,已将右臂变成膀手,并刚好可以挡开左边练习者的左冲拳。

(7)右边练习者在用膀手挡开对方的左拳后,将右手变成伏手,从而将对方的左拳挡至"外门",而左边练习者则将左拳变成摊手,同时右边伏手迅速压住对方的左边摊手。

(8)至此,双方回到了开始练习前的左边练习者左摊手,右边练习者右伏手的状态。见图4-5-4。

2. 技术要点

动作要轻灵,不可僵硬,不要用蛮力,仔细体会用劲儿的感觉。

3. 错误纠正

练习时易出现动作僵硬,用蛮力等问题。因此,做动作时不可僵硬,要轻灵,不可用蛮力。

图 4-5-4

二、双粘手练习

单粘手练习精熟后，可以进行双粘手的练习。事实上，单粘手是为双粘手练习打基础的，而双粘手则是咏春拳的灵魂所在，因为咏春拳的一大技击特点就是"双手可以同步进行搏击"。

（一）双粘手单人动作示范——一方拳手

1. 动作方法

（1）由正身二字钳羊马开始，两手上下相叠置于中线上，即左手在上呈伏手，右手在下呈手心向上的摊手。

（2）右手向上进行翻转，左手向下进行翻转，即两手如同抓住一个圆球进行翻转。

（3）两手继续进行翻转，直至转到右肘抬平的姿势。

（4）左手继续向下翻转，右手向上翻转至右肘抬高的膀手状态，两手上下垂直居于中线上。

（5）右肘向下回落，左伏手向上抬起。

（6）右膀手向摊手过渡，左伏手向上移动，变成左手在上的伏手。

（7）恢复到刚开始时的起势动作。

（8）当左伏手在上、右摊手在下的动作练到纯熟后，可进行右伏手在上、左摊手在下的翻转练习。

（9）练习时由正身钳羊马开始，两手上下相叠置于中线上，右手在上呈伏手，左手在下呈手心向上的摊手。

（10）左手向上进行翻转，右手向下进行翻转，两手如抓住一个圆球进行翻转。

（11）两手继续进行翻转，直至转到左肘抬平的姿势。

（12）右手继续向下翻转，左手继续向上翻转至左肘抬高的膀手状态，两手上下垂直居于中线上。

（13）左肘向下回落，右伏手向上抬起。

（14）左膀手向摊手过渡，右伏手向上移动，变成右手在上的伏手。

（15）恢复到刚开始时的起势动作，即右手在上呈伏手，左手在下呈摊手。见图4-5-5。

2. 技术要点

注意掌握"膀""伏""摊"三式手法，这也是搏击最重要的防御技巧。同时，练习时双手均应放松，双手粘在一起时不可斗力，以锻炼手部感觉为主。

3. 错误纠正

练习时易出现双手配合不当，动作僵硬等问题。因此，应注意双手的配合。

图 4-5-5

（二）双粘手单人动作示范——另一方拳手

1. 动作方法

（1）由正身二字箝羊马开始，两手上下相叠置于中线上，即右手在上呈膀手，左手在下呈手心向下的伏手。

（2）右手向下进行翻转，两手的感觉如同抓住一个圆球在轻柔地翻转。

（3）两手继续进行翻转，直至转到右手处于左手下方的姿势为止。

（4）右手继续向下翻转成手心向上的摊手，左手翻转成伏手状态，两手上下垂直居于中线上。

（5）右肘按原路线向上抬起，左伏手向下翻落。

（6）右肘继续向上抬起至高过左肘的位置，左伏手继续向下翻落。

（7）右肘向上抬起到刚开始时的膀手状态，而左手则仍恢复到原先的伏手状态。

（8）当右手膀手在上、左手伏手在下的动作练到纯熟后，可进行左手膀手在上、右手伏手在下的翻转练习。

（9）由正身二字钳羊马开始，两手上下相叠置于中线上，即左手在上呈膀手，右手在下呈手心向下的伏手。

（10）左手继续向下进行翻转，右手继续向上进行翻转，两手如抓住一个圆球般进行轻柔地翻转。

（11）两手翻转直至转到左手处于右手下方的姿势。

（12）左手继续向下翻转成手心向上的摊手，右手向上翻转成伏手，两手上下垂直居于中线上。

（13）左肘按原路线向上抬起，右伏手向下翻落。

（14）左肘继续向上抬起至高过右肘的位置，右伏手继续向下翻落。

（15）左肘向上抬起到刚开始时的膀手状态，右手恢复到原先的伏手状态。见图4-5-6。

2. 技术要点

注意体会"膀""伏""摊"三式手法，练习时双手均应放松，双手粘在一起时不可斗力，以锻炼手部感觉为主。

3. 错误纠正

练习时易出现双手配合不当，动作僵硬等问题。因此，应注意双手的配合。

图 4-5-6

第六节　盘手练习

在咏春拳中，盘手也称为"碌手"，它是通过双方四只手的旋转翻滚动作来达到攻守与锻炼手部感觉的目的。在练习时，双方的四只手都应置于一个假想的圆圈中，无论怎样变化都不能脱出此圈的范围，以便于能"粘"住对方，使动作变得更加简捷、直接。

1. 动作方法

（1）练习时双方由正身马（熟练后可以站成前后脚开立的弓箭马）开始。

（2）左边练习者将左伏手压于右边练习者的右膀手上，右边练习者将左伏手压于左边练习者的右摊手上。

（3）左边练习者右摊手向上抬起，向膀手过渡，右边练习者右膀手向右摊手过渡，即把左边练习者的左臂挤至外侧。

（4）左边练习者右臂上抬完成右膀手动作，右边练习者右膀手向下、向外旋转，完成右摊手动作，此时左边练习者左手以伏手压在对方右摊手上，右边练习者左伏手压在左边练习者的右膀手上。

（5）左边练习者右膀手向下回落，向右摊手过渡，右边练习者右摊手上抬，向右膀手过渡，左边练习者也要把左臂向上抬高。

（6）双方恢复到刚开始时的起势姿势，即左边练习者以左伏手压于右边练习者的右膀手上，右边练习者左伏手压于左边练习者的右摊手上。

（7）以上过程为一个自然循环，双方可进行反复练习，或是交换动作进行练习。见图 4-6-1。

2. 技术要点

练习时仍以体会"膀""伏""摊"三式手法为主，双方要相互粘靠，动作灵活变动。

3. 错误纠正

练习时易出现双方产生距离等问题。因此，双方应相互粘靠，以免影响练习效果。

图 4-6-1

5

第五章

——小念头

咏春拳套路

"小念头"又称"小练头",是咏春拳最基础、最根本的拳术套路。它既是咏春拳的一套综合性的基本功,又是咏春拳中的代表拳法。通过对小念头拳术套路的练习,可以充分学习咏春拳中的各种格斗方法,并进一步明确咏春拳中的核心技击原理——守中用中的准确含义。

第一节 圈手

圈手是咏春拳中以腕部运动为主的手法之一。小念头中的圈手以肘部为力点,以腕部为轴心,目的在于强化腕部韧性与灵活性,是咏春拳中以巧力对拙力变向转化的一种重要手法。

一、圈手练习

咏春拳圈手基本包含了咏春拳上三路的主要手法、身法和心法。

1. 动作方法

(1) 全身放松,自然平行站立。

(2) 两手同时收拳于腋下,两腿下蹲。

(3) 以脚跟为轴,脚尖外分。

(4) 再以前脚掌为轴,脚跟外分,形成等边三角形的二字钳羊马。

(5) 右手拳变为伏手内扣,右手沿体侧向中心前方伏出,当手伏至肘部距中心一拳距离时，腕部由上向下圈手。

（6）当腕部圈转一周时成护手，腕部内扣做圈手。见图5-1-1。

2. 技术要点

圈手时肘部保持稳定，不可外翻，腕部内扣要紧。圈手要以缓慢圈出为主，正确的圈手由正面看，好似用手腕由内向外画圆圈。

3. 错误纠正

练习时易出现肘部外翻导致圈手时形成上抬之力，腕部内扣不紧导致腕部无法完成圈转，圈手时桩马松散等问题。因此，应肘部定中，不可外翻，腕部内扣要紧，圈手要以缓慢圈出为主。

图 5-1-1

二、圈手辅助练习

圈手辅助练习可以规范练习者出手的角度、方位和力量，增强肩、肘、腕三个关节的柔韧性和灵活性，加强双手配合使用的流畅性和协调性。

1. 动作方法

（1）两人相对站立，以右臂圈手为例，一方将手臂伸出，高不过胸，低不过腰，另一方做绕臂圈手练习。

（2）可做左右手交替互换练习。见图 5-1-2。

2. 技术要点

腕部内扣要紧，圈手时应以缓慢圈出为主。

3. 错误纠正

练习时易出现肘部外翻，离开对方手臂，圈手动作过大或过小等问题。因此，应肘部定中，不可外翻，腕部内扣要紧，圈手时以缓慢圈出为主。

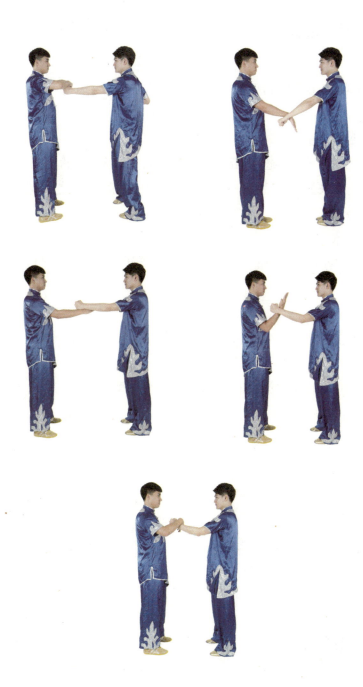

图 5-1-2

三、圈手击裆

对方攻击我方时，我方用圈手来防守，然后迅速反击，击其裆部。

1. 动作方法

当对方以横向腿踢击我方肋部时，右转腰胯，同时两手呈交剪手防其来腿，右手圈手扣其小腿，左前臂与之合力，起脚蹬其裆部。见图 5-1-3。

2. 技术要点

（1）在防守的基础上进攻，动作要迅速，一气呵成，不要拖泥带水。

（2）防守时腰部转动不可过大，扣腿时要借助腰马回转，撑踢时重心下沉，保持稳定。

3. 错误纠正

练习时易出现接腿时身体后仰，手臂过高或过低等问题。因此，应控制好身体重心和手臂动作。

图 5-1-3

第二节 抹手与弹手

抹手与弹手在小念头中属于振荡性手法，其运动方式以整个手臂弹荡发力为核心，运用肩部支点与沉肘之力进行弹抹。它的训练目的是提高练习者上臂和前臂之间的协调性与肩部和脚底间支点力量的传递性，使动作更具爆发力。抹手在运用中属于防御反击性手法，而弹手则属于防御攻击性手法，两种手法虽然不能作为一种专项攻击手法，但却是临危救护的有效转变手法。

一、抹手练习

抹手练习的目的是提高上臂、前臂之间的协调性与肩部和脚底间支点力量的传递性，使身体形成发力的整体性，从而使动作更具爆发力。

1. 动作方法

（1）全身放松，自然平行站立。

（2）两手收拳于腋下，两腿下蹲。

（3）两脚先以脚跟为轴，脚尖外分。

（4）再以前脚掌为轴，脚跟外分，形成等边三角形的二字钳羊马。

（5）两手变掌，掌心向下、向前伸出，当两臂伸直时，双掌下抹至与小腹同高，随下抹之势向上弹起形成弹手。

（6）弹手成拳，回收于腋下，整个弹手动作完成。见图5-2-1。

2. 技术要点

抹手手臂在下抹时，抹出的手低不过腹，高不过胸，整体重心平稳，如弹簧一般向下抹出。

3. 错误纠正

练习时易出现动作不协调，重心起伏过大等问题。因此，下抹与上弹应协调，保持整体重心平稳。

图 5-2-1

二、抹手实战运用

抹手在运用中属防御反击手法，只有熟悉了抹手的实战运用，在临危救护时才能更有效转变手法。

（一）抹手日字拳

1. 动作方法

当我方以拳法主动直击对方时，对方侧步，同时以拳反击我方头部，此时我方会在转马的同时运用抹手进行防御，化解对方攻势，同时左手以日字拳击其下颌。见图 5-2-2。

图 5-2-2

2. 技术要点

抹手在运用时应以腰马转动为轴心，与其他手法进行配合性攻击，封打同时整体重心要保持平稳。

3. 错误纠正

练习时易出现身体转动僵硬等问题。因此，应保持好身体重心，动作要灵活。

(二) 抹手室击

1. 动作方法

对方抓拉我方两肩，我方左转腰马，以右抹手向下抹其两臂，同时腰马回转，抹手变为室手攻其面部，在右手变抹手再次回抹的同时，左手以日字拳击其面部。见图 5-2-3。

2. 技术要点

进马封打要做到步到拳到。

3. 错误纠正

下抹手臂时易出现速度太慢等问题。因此，应进攻迅速，力度适当，这样才能达到预期效果。

图 5-2-3

（三）抹手锁颈

1. 动作方法

对方抓我方衣领，我方腰胯左转，同时右手下抹，腰马右转，抹手变为弧手，由下向上搂锁其颈部。见图 5-2-4。

2. 技术要点

抹手转动以腰胯为轴心，锁颈时左手同时推其右手，后肩防其转身。

3. 错误纠正

下抹时易出现手臂过低等问题。因此，应注意控制手臂，否则会影响下一个动作的速度和力度。

图 5-2-4

三、弹手实战运用

弹手在实战中往往用于对方攻击后的反击，在真实的搏击中，对于对方不同位置的攻击，弹手是防御救护转变的唯一手法。弹手在运用时腰马转动要与其他的手法相配合进行攻击。弹手实战运用包括转身弹打连环拳、弹手迎击封打和弹打破抓等。

（一）转身弹打连环拳

1. 动作方法

当对方不止一人向我方发起攻击时，我方以迎击方式前脚踢击对方。此时另一人由身后侧欲用拳击我方头部，我方向后转身，同时以弹手迎击来拳，并迅速进马，以连环日字拳或正掌给予其重击。见图 5-2-5。

2. 技术要点

转马时以脚跟为轴，转动要快，跟马要紧，弹荡打击与转马同步完成。

3. 错误纠正

练习时易出现动作分解等问题。因此，应使弹荡打击与转马同步完成，不要单个去做。

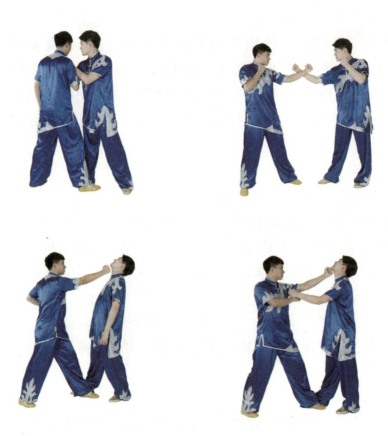

图 5-2-5

(二)弹手迎击封打

1. 动作方法

当我方与对方近距离站立时，对方突然用拳直击我方头面部，此时我方腰马右转，以右弹手攻其面部，同时进马，将右弹手变为摊手摊其手臂，左手封其右臂，右手正掌攻其下颌。见图5-2-6。

2. 技术要点

弹手时要做到不招不架，弹荡向前，根据与对方的距离可配合进马与转马以加大打击力度。

3. 错误纠正

练习时易出现身体僵硬不动等问题。因此，化解对方招数时身体应随之转动，以减轻对方来拳的力度，不要盲目地挨对方的一击。

图 5-2-6

（三）弹打破抓

1. 动作方法

对方抓我方肩部，我方以弹手向上弹击其手臂，同时肘部内合，手由外侧上托其臂，起脚攻其小腹或裆部。见图 5-2-7。

2. 技术要点

弹荡同时，抓踢同步。

3. 错误纠正

练习时易出现动作太慢等问题。因此，应注意速度，一气呵成。

图 5-2-7

6

第六章

咏春肾气归元功

咏春拳是一种内外兼修的拳法。作为一门完整的武术体系，它拥有自己的气功练习方法。

练拳必须练功，而练功又必须练气。如果练武的人忽略了内在的训练，就会因气衰而劲力不继，继而导致难以进行持久战，也难以在最短的时间内或在最短的距离内释放出咏春拳所特有的爆发力来。

第一节 肾气归元功的原理

肾气归元功崇尚自然，表现在功法上是呼吸自然，不像其他气功那样用慢、细、悠、长的腹式呼吸法，也无须固守丹田。此功法能疏通身体各个经络脏腑，发功快、见效快，使神、体、气三者，即人的精神、形体和气息有效地结合起来。练习者经过循序渐进，持之以恒地进行锻炼，就会使五脏六腑、十二经脉、奇经八脉等得到充分的调理。

一、肾的作用

咏春拳极为重视肾在人体中所起的作用。在人体结构中，肾位于腰部，脊柱的两侧，左右各有一个，因此《素问·脉要精微论》中说"腰者，肾之府"。众所周知，肾脏有"先天之精"，是脏腑阴阳之根本，生命之源，所以在我国中医界又称肾为先天之本。

肾在人体生理功能中与呼吸还有较大的关系，或者说是"肾主纳气"。在这里，"纳"有摄取与吸纳的意思，是指肾有调理肺部所吸入的清新空气的功能，以及防止呼吸过于表浅的作用。

呼吸是肺部的功能，由肺部所主导，但同时又必须由肾部的摄取与吸纳作用来进行协助，从而保证气的有效吸入，进而促进人体内部气的交换，完成整个呼吸过程。

如果肾部的纳气功能正常，人的呼吸就会显得均匀、调和；如果肾的纳气功能不正常，则肾中的精气就会不足，其纳气功能就会减弱许多。

二、以意领气

肾气归元功是通过意识与意念对肢体的引导来完成整个动作的训练，因为意念是用来指挥人的外在动作的，而外在动作又是用来表现意念的，如果没有意念则难以形成动作；如果没有一定的外在动作，则意念又会无所依托。所以整个肾气归元功的练习就是意念与外在动作合二为一，相辅相成。

肾气归元功既然是气功中的一种，就必然会涉及气，而"气为血之帅，气行则血行"，但无论气怎样运行，仍是要由意念来引导的，例如"意守丹田"，就是"意念"所为，是用意念将口鼻呼吸之气引导于丹田中的。这就总结出一个概念"以意领气"，也就是通过意识与意念来引导气在体内的运行。

第二节 肾气归元功的练法

练习咏春拳的肾气归元功时，要选择清静的场所，以便能集中精力练习，保证训练效果。功法练习最好选在下午 17 时至晚上 23 时，更能有益身心。肾气归元功包括预备式、深呼吸、提腕纳气、体侧左右、提腕纳气、左右体转、提腕纳气、转腰背手、提腕纳气、扩胸纳气、提腕纳气、升降桩法、提腕纳气和收功，共 14 式。

一、第一式（预备式）

1. 动作方法

（1）两腿自然分开站立，略比肩宽，肩平，全身肌肉和大小关节放松，两手自然下垂，掌心相对，手指并拢，尤其是中指与无名指并紧，鼻呼鼻吸，不故意压抑。

（2）全身入静，无须意守丹田，顺其自然，嘴唇轻轻合拢，舌尖自然轻顶上腭，两目略闭，平视（高视则气上，下视则气下）。见图 6-2-1。

图 6-2-1

2. 技术要点

全身放松，呼吸要均匀，顺其自然。

3. 错误纠正

练习时易出现呼吸急促等问题。因此，应注意调节呼吸，不要故意压抑。

二、第二式（深呼吸）

1. 动作方法

（1）两手掌四指并拢，屈前臂，缓慢地自体侧运至体前，贴身提起，掌心朝天，拇指翘立，升至胸前。

（2）自然翻掌，掌心朝地，把大拇指扣向掌心，缓慢放下至还原。

（3）自然呼吸，还原后再做第二次，如此反复，可连续做6次。见图 6-2-2。

2. 技术要点

此式可使手三阴、三阳经脉的气机同时运行，促进脏腑气血运行。由于大拇指向上翘起，可使手太阴肺经的气机从少商穴移动至中府穴，促进肺循环，加速肺内氧气与二氧化碳的交换，有吐故纳新的作用。

3. 错误纠正

练习时易出现两手掌手指不能并拢等问题。因此，应注意手指要并拢，不可分开。

图 6-2-2

三、第三式（提腕纳气）

1.动作方法

（1）两手垂直紧贴股骨，膝关节弯曲，身体立直，控制身体的重心，自然呼吸，随后慢慢还原呈预备式。

（2）连续反复做 3 次。见图 6-2-3。

2.技术要点

此式可使足三阴三阳经脉（足阳明胃经、足少阴肾经、足太阴脾经、足太阳膀胱经、足少阳胆经、足厥阴肝经）气机运行。

3.错误纠正

两脚跟向上提起时易出现重心不稳等问题。因此，应控制重心。

图 6-2-3

四、第四式（体侧左右）

1. 动作方法

（1）两手平提至胸前，自然呼吸，以腰为轴向左侧转体，自然呼吸，再转回正面，两手放下还原。

（2）完成左转体后，接着做右转体，动作相同，方向相反，左右各 3 次。见图 6-2-4。

2. 技术要点

此式可以调理肝气，主治肝气郁逆、胸肋疼痛。

3. 错误纠正

练习时易出现呼吸不均，在转体时身体不协调等问题。因此，应注意呼吸和身体的协调性。

图 6-2-4

五、第五式（提腕纳气）

同第三式。

六、第六式（左右体转）

1. 动作方法

（1）紧接上式，两手平提至胸前，自然呼吸，掌心朝地。

（2）以腰为轴，躯体缓慢向左转动，同时目视前方，呼吸自然。

（3）两臂放下还原，呈预备式。

（4）继续做向右转体，动作相同，方向相反，左侧 3 次，右侧 3 次。见图 6-2-5。

图 6-2-5

2. 技术要点

此式可以调理脾胃，通中散气，主治脘腹胀滞、消化不良。

3. 错误纠正

练习时易出现两臂过高或过低等问题。因此，应注意两臂在两侧呈一字平肩举。

七、第七式（提腕纳气）

同第三式。

八、第八式（转腰背手）

1. 动作方法

（1）在上式的基础上，两手上提至胸前，自然呼吸，身体转动，手臂随之转动，掌心朝下，两手后背至腰部。

（2）躯体转回正面，还原呈预备式。

（3）一式完成后，掌心慢慢向下，两臂慢慢下垂至体侧还原，呼吸自然。见图 6-2-6。

2. 技术要点

此式可扶阳生气，舒筋活络，主治气滞血瘀、经络壅塞（尤其是腰部损伤）。

3. 错误纠正

练习时易出现身体不够灵活等问题。因此，应注意身体的灵活性。

图 6-2-6

九、第九式（提腕纳气）

同第三式。

十、第十式（扩胸纳气）

1. 动作方法

（1）在上式基础上，两臂上提，掌心朝下，经腹前上提至胸部，呼吸自然，上提至胸前时，手掌变拳。

（2）目视前方，两拳化掌，从正面慢慢向下，掌心朝下，两肘分别向背扩胸一下即恢复原状，然后从胸前慢慢下按至腹部，呼吸自然。

（3）两手从腹部下垂至身侧还原，再做第二次，反复做6次。见图6-2-7。

2. 技术要点

此式可调理肺气，舒胸解郁，主治气紧、气喘等症。

3. 错误纠正

练习时易出现动作过快、动作僵硬等问题。因此，应动作缓慢，不可僵硬。

图 6-2-7

十一、第十一式（提腕纳气）

同第三式。

十二、第十二式（升降桩法）

1. 动作方法

（1）在上式的基础上，两臂上提，掌心向下，经腹前上提至胸部，呼吸自然，上提至胸前时，手掌变拳，肘部下压，目视前方。

（2）慢慢站立起身，两掌掌心向下，慢慢放下，自然呼吸，两臂慢慢垂直还原。

（3）做第二次，反复回圈做 6 次。见图 6-2-8。

2. 技术要点

此式可养阴活血，主治气血亏虚等症。

3. 错误纠正

练习时易出现动作分解等问题。因此，应注意动作不可分解，在手臂伸直，向左右外侧划弧下降时，两腿蹲下。

图 6-2-8

十三、第十三式（提腕纳气）

同第三式。

十四、第十四式（收功）

1. 动作方法

（1）掌心互搓 10 次，两手以指为梳，梳头 5 次。

（2）功毕，休息 10 分钟，可再练几遍。见图 6-2-9。

2. 技术要点

掌握掌心互搓的位置。

3. 错误纠正

练习时易出现力度过大或过小等问题。因此，应掌握适当的力度。

图 6-2-9

7

第七章

比赛规则

制定各项运动的比赛规则，有助于全民健身运动的深入开展。比赛参与者应该了解运动规则的基本知识，以使自己在比赛过程中游刃有余地发挥技术水平。比赛观赏者也只有在了解了基本规则的前提下，才能充分体验观赏比赛的乐趣。

第一节　比赛方法

参赛选手要按照一定的方法进行比赛，并须遵循一定的规则，以使比赛有序进行。

一、比赛性质

1. 比赛类型
咏春拳比赛包括个人赛和团体赛。
2. 年龄组别
（1）成年组：18 周岁以上（含 18 周岁）。
（2）少年组：12 ～ 17 周岁。
（3）儿童组：不满 12 周岁。

二、比赛流程

比赛流程包括进场、起势、收势、退场等。
1. 运动员听到点名或看到电子屏显示姓名后，应立即进场，待裁判长示意后,即可走向起势位置。

2. 运动员身体任何部位开始动作即为起势。

3. 运动员完成整套动作后,须并步收势,再转向裁判长行注目礼,然后退场。

4. 运动员应在同侧场内完成相同方向(左右不得超过 90 度)的起势与收势。

5. 运动员听到上场比赛的点名和赛后示分时,应向裁判长行抱拳礼。

第二节 裁判方法

在比赛过程中，裁判员通过履行职责，进行正确的裁判工作，来保证比赛的公平、公正。

一、裁判员

裁判员包括裁判长和裁判员。其中，裁判员包括 3 ～ 5 名评判动作规格的裁判员和 3 ～ 5 名评判演练水平的裁判员。

二、评分

比赛满分为 10 分，其中动作规格分值 6.8 分，演练水平分值 3 分，创新难度分值 0.2 分。

（一）裁判员评分

1. 动作规格分

动作规格分满分为 6.8 分。裁判员根据运动员现场发挥的技术水平，按照动作规格要求，减去该动作规格中出现的错误扣分和其他错误扣分，即为运动员的动作规格分。

2. 动作规格扣分

（1）凡手形、步形、身形、手法、步法、身法、腿法、跳跃和平衡与要求轻微不符者，每出现一次扣 0.05 分；与要求显著不符者，每出现一次扣 0.1 分；与要求严重不符者，每出现一次扣 0.2 分。一个动作出现多种错误时，最多扣分不得超过 0.2 分，出现三次以上扣 0.5 分。

（2）同一手形每出现一次轻微错误扣 0.05 分，出现两次扣 0.1 分，出现三次以上扣 0.2 分；同一步形、步法出现一次轻微错误扣 0.05 分，出现两次扣 0.1 分，出现三次以上扣 0.3 分；出现一次显著错误扣 0.1 分，出现两次扣 0.2 分，出现三次以上扣 0.5 分。

（3）凡手法、步法中有动作不清的轻微错误，出现一次扣 0.05 分，出现两次扣 0.1 分，出现三次以上扣 0.3 分；出现一次显著错误扣 0.1 分，出现两次扣 0.2 分，出现三次以上扣 0.5 分。

3. 其他错误扣分

下列错误每出现一次，根据不同程度，予以扣分：

（1）遗忘动作：扣 0.1～0.2 分。

（2）服装影响动作：扣 0.1～0.2 分。

（3）失去平衡：动作中晃动、移动、跳动扣 0.1 分；附加支撑扣 0.3 分；倒地扣 0.5 分。

（4）规定套路的动作路线、方向错误：扣 0.1 分。

4. 演练水平分

演练水平分满分 3 分。裁判员根据运动员现场表现的整套演练水平，按照咏春拳在功力、演练技巧、编排等方面的标准，整体比较，确定扣分，从该类分值中减去应扣分数，即为运动员的演练水平分。

（1）劲力水平分值为 1 分（劲力、协调各占 0.5 分）：

凡劲力充足，用力顺达，力点准确，手、眼、身、法、步配合协调，动作干净利落者，不予扣分；凡劲力或协调与要求轻微不符者，扣 0.05 ～ 0.1 分；凡与要求显著不符者，扣 0.15 ～ 0.3 分；凡与要求严重不符者，扣 0.35 ～ 0.5 分。

（2）演练技巧分值为 1.5 分（精神、节奏、风格各占 0.5 分）：

凡精神饱满，节奏分明，风格突出者，不予扣分；凡精神、节奏、风格的任何一方面与要求轻微不符者，扣 0.05 ～ 0.3 分；凡与要求严重不符者，扣 0.35 ～ 0.5 分。

（3）编排（内容、结构、布局）分值为 0.5 分：

凡符合内容充实、结构合理、变化多样、布局匀称要求的，不予扣分；凡与要求轻微不符者，扣 0.05 ～ 0.3 分；凡与要求严重不符者，扣 0.35 ～ 0.5 分。

5. 裁判员示分

裁判员所示分数可到小数点后两位，小数点后第二位数必须是 0 或 5。

6. 应得分数

动作规格分与演练水平分之和即为运动员的应得分数。动作规格分与演练水平分的确定方法为：

(1)3 名裁判员评分时，取 3 个分数的平均值为运动员的应得分。

(2)4 ～ 5 名裁判员评分时，去掉最高分和最低分，取中间 2 个或 3 个分数的平均值为运动员的应得分。

（3）运动员的应得分数只取到小数点后两位，小数点后第三位不做四舍五入。

（二）裁判长扣分

1. 起势、收势

（1）起势与收势方向不符合要求者，扣 0.1 分。

（2）起势与收势有意拖延时间，一个动作达 8 秒者，扣 0.1 分；达 10 秒者，扣 0.2 分；达 12 秒者，扣 0.3 分。

2. 重做

（1）运动员因客观原因，造成比赛套路中断，经裁判长许可，可重做一次，不予扣分。

（2）运动员因遗忘动作、失误等原因造成比赛套路中断的，可重做一次，扣 1 分。

（3）运动员临场受伤不能继续比赛者，裁判长有权令其中止。经过简单治疗即可继续比赛的，可安排在该组最后一名重新上场，按重做处理，扣 1 分。

3. 出界

身体的某一部位接触线外地面，扣 0.1 分；整个身体出界，扣 0.2 分。

4. 平衡时间不足

凡指定的持久平衡动作的静止时间不足 1 秒者，扣 0.2 分；不足 2 秒者，扣 0.1 分。

5. 不足或超出规定时间

如果没有在规定时间内完成套路，不足或超出规定时间在 2 秒内者（含 2 秒），扣 0.1 分；在 2 秒以上至 4 秒以内者（含 4 秒），扣 0.2 分，依此类推。

6. 服装不符合规定

在比赛中，若发现运动员服装违反规定，则取消其该项成绩。

7. 动作组别不够

任何自选套路，动作组别少于规定要求时，每少一个手形、步形、腿法、跳跃、平衡动作和规定的方法，扣 0.3 分。步形和平衡动作，均以定势为准，过渡的或一晃而过的都不算规定的步形和平衡动作。

8. 规定套路的动作缺少或增加

(1) 漏做或增加一个完整的动作，扣 0.2 分。

(2) 跳跃动作的助跑步数或行进动作的步数缺少或增加，每出现一次，扣 0.1 分。

9. 指定动作扣分

(1) 如未选择一组指定动作，除扣去该组指定动作的难度分值外，还应按漏做动作扣分，每漏做一个动作扣 0.3 分。

(2) 附加或漏做一个或几个动作时，按动作附加或漏做动作扣分，每附加或漏做一个动作扣 0.3 分。

(3) 改变动作可视为附加或漏做。

(4) 每改变一次规定要求的方向，扣 0.3 分。如果由于方向改变出现附加或漏做，则应按附加或漏做扣分。

(5) 重做指定动作的部分或全部，对动作中错误的扣分，以第一次完成的动作为准。

(6) 因自选套路指定动作位置确定表填报错误，将在该项最后得分中扣 0.3 分。

(三) 裁判长调整评分

(1) 当评分出现明显不合理现象时，在出示运动员最后得分前，裁判长须报告总裁判长，经总裁判长同意，可召集场上裁判员协商或同个别有关裁判协商，改变分数。

(2) 当有效分数（除去最高分与最低分）之间出现不允许的差数时，在出示运动员的最后得分前，裁判长可召集场上裁判员协商或同个别有关裁判协商，改变分数。

(四) 最后得分

裁判长从运动员的应得分中减去裁判长的扣分再加上创新难度动作加分，即为运动员的最后得分。